Miel esmeralda

Luis Castiblanco Lemos

Miel esmeralda

Luis Castiblanco Lemos

ISBN: 978-628-01-6209-6

Diagramación y diseño de carátula
Cesar Calderón

Primera edición: Noviembre 2024

Dedicatoria

Mis letras son producto de quienes he amado intensamente y querido de manera fugaz. Tal vez un día encontrarán mi apellido en el marco de un libro... En ese momento se preguntarán, ¿Fue esto producto del querer mío?

Contenido

Capítulo 1

Capítulo 2

Capítulo 3

Despierta

miel esmeralda

Reflexión

Al caer la noche y admirar el firmamento
las letras vienen hacia mi como estrellas fugaces,
emocionadas me transportan a tiempos pasados
y me hacen recorrer los pasos de mi historia.

Ver los rostros de personas que firmaron el libro de mi vida
y apreciar los paisajes que fueron testigo de mis triunfos
y mis caídas. Al regresar del viaje astral al que me han empujado,
logró liberarme de las ataduras;
empuñar con disciplina mi voluntad;
levantarme con coraje
y encaminarme con pasión
a un futuro emocionante y desconocido.

Las piedras del camino

Existen golpes que arrugan el corazón,
que fragmentan el alma y
dispersan tu mente;
sin embargo, marcado por el coraje
que se debe tener en la vida
al recoger cada parte
llega el momento para apreciarlos,
esos momentos de risas,
de dificultad,
de esparcimiento,
de felicidad,
de paciencia y encontramos la magia
que nos da la vida
al hacer ese enorme collage de momentos,
personas y experiencia,
con esto solo queda decir gracias.

Disciplina, pasión y coraje son la llave al éxito.

Sangre color miel esmeralda

Quiero sentarme a escuchar
tu tan peculiar manera de narrar el pasado,
para quedarme dormido
y vivir de nuevo esas tardes de jugar cartas,
las risas que generaban mis errores
y las largas caminatas en las noches frías.
Al despertar puede que todo sea igual,
pero recordaré que sin importar
que nuestra manera de ver el mundo sea diferente,
reconozco que de ti aprendí
a agitar el viento con disciplina,
trabajar con pasión por mis objetivos
y a enfrentar con coraje los obstáculos;
algo que celosamente guardamos
en nuestro apellido.

Tu mano, mi guía

Su aroma me transporta a tiempos más simples,
recuerdos alegres donde la inocencia
guiada por tu mano escribía
los primeros capítulos de mi historia.
Cada paso que daba dejaba
las enseñanzas que me regalaste
y mi miraba proyectaba la pasión con la que me criaste.

Gaste muchas horas escribiendo al amor,
sin entender que a tu lado
encontraba la esencia pura de aquel sentimiento.
Ahora entiendo que sin importar
lo que el futuro me depare
siempre serás la estrella que disipe las tinieblas
y que al igual que aquel cuerpo celeste,
cuando ya no estés a mi lado
seguirás guiando y custodiando mis sueños.

Mis retos, tus silencios

Las palabras mudas
de un diálogo estrambótico
era el reto por descifrar,
la trinidad mental de su cuerpo mortal
ahora le convertía en un ser torpe.

La solución
¿estaría en la eternidad del segundo de la oscuridad
o la efímera y eterna luz que le abriga?,
es extraño verle convertido en un incordio;
víctima de sus pensamientos;
de sus ganas de seguir y de sus miedos a lo desconocido.
Las sombras pueden dar la razón
a su enredo para mostrarle el capricho
del infante llamado vida
logrando así escuchar
lo que las cigarras susurran,
otorgando perfecto acento al silencio relatado.

Secretos entre sombras

Siempre en mi caminar
me ha acompañado mi sombra,
fiel amiga que atestiguo
como mi razón encarcela mi corazón
por querer jugar en los cielos;
agotados, pero con una extraña melancolía
en mi pecho buscaba como apartarme de mi destino...
¡Que ingenuo fui en ese momento!,
queriendo encontrar caricias vacías
que sólo sacian deseos banales
no pensé que tu mirada
le entregaría la fuerza necesaria
a ese despreciado reo que con coraje
y gallardía se atrevió a enfrentar
a la frívola razón que gobernaba mi ser,
se dice que en toda guerra existe
un ganador y un perdedor,
en su lugar esta historia no deja un perdedor
sólo una persona que se liberó de su frialdad
y que aguarda con tímida inocencia un mensaje más...

Las trampas del arte

Mis letras son mi único atractivo,
disfruto de su uso para cautivar
y acercarme lentamente a la mente,
cuerpo y alma que quiero disfrutar.
Sin embargo, recientemente me he enfrentado
a personas que son capaces
de utilizar el arte para conquistar...
deduje que su uso es un ataque
mortal a la razón y al corazón,
pero mi ser racional es rápido
ante esas acciones y conjuro los pasos
necesarios para bloquear
a quien es capaz de dibujar
mi sonrisa en sus lienzos,
escribir miles de historias
sobre el único beso que nos daremos
y capturar imágenes de como
la luz vence la oscuridad en nuestro amanecer.
Mis sentimientos una vez más fueron protegidos
y estarán a salvo en su sueño
que condena mi ser a un vacío
tranquilo en el mar de la realidad.

¡¡Uno!!

¿y si el amor fuera un juego de cartas UNO?
En ese caso diría que:
Siempre utilizaría la carta de salto de turno
para dedicarle tiempo a mi profesión;
la carta de regreso
para tener la oportunidad de decir
lo que quería y no puede,
aunque siempre me sacarían la carta de
cambio de color para tomar otro rumbo;
utilizaría la carta que se toman 2,
para pelear y querer
pues soy algo equilibrado pero muy loco
y la carta de toma 4 para escapar,
mostrando solo lo que para mí sería la salida más fácil.
Aunque estoy seguro de que el destino
se empeñará en dañar mi juego cuando al fin logre decir...
¡¡UNO!!

Mensajes en el espejo

I

Entonces lo entendí, para no perderme en este laberinto llamado "vida" debo pintar mis sueños en sus paredes.

II

El pasado se hace liviano cuando aprendes de los errores cometidos y aplicas a la enseñanza para construir el presente y el futuro.

III

Sí nos concentráramos más en nuestra alma podríamos escucharla cuando nos dice y nos repite que tenemos fuerzas para abrazar el sol.

IV

El verdadero dolor, el que nos hace sufrir profundamente, hace a veces serio y constante hasta al hombre irreflexivo; incluso los pobres de espíritu se vuelven más inteligentes después de un gran dolor.

V

Con el tiempo aprendí que en la playa donde encallan mis dudas es el lugar perfecto para construir el faro que iluminé mi felicidad.

VI

La madurez recoge los pedazos del tiempo que considerábamos perdidos.

VII

Te quedaste al otro lado del espejo para recordarme el valor de mis primeros pasos.

Conjuro al vuelo

El mundo no mirara
tus ojos hinchados de llorar,
no oirá tu voz quebrada de tristeza
y tampoco verá la fragilidad
de tu cuerpo abatido de melancolía.
Será testigo de la grandeza de tu espíritu,
de la pasión de tu mirada,
de la disciplina que proyecta tu voz
y del coraje tatuado en tu cuerpo.

Entrégame tus demonios
y los consumiré en mis infiernos
mientras tú te elevas por los cielos.

Llantos de sombras

Sabes que siempre tendrás un espacio a mi lado,
sin embargo, verte aquí me aflige.
El verte es señal de que ya no soportas
más los latidos de tu corazón,
que has perdido la fe
y que quieres una salida
rápida a lo que sientes;
sé que piensas que soy
un amargado y mal humorado,
pero disfruto cada vez que veo
tu sonrisa esperanzadora
y tú mirada llena de ilusión,
siempre me ha causado alegría ver tu ánimo,
sin embargo, siempre está latente
mi miedo de verte como está ahora,
aunque no lo refleje mis gestos
siento que agonizo al oírte sollozar,
me desintegro al verte tu mirada nublada.
Como en veces pasadas entrega
tu dolor en mi pecho
y nuevamente fundámonos en este aire desolador
que invoca al ser frío y cruel que te protege.

Sorbo de fe

Existen curvas llamadas EQUIVOCACIONES, existen semáforos llamados AMIGOS, luces de precaución llamada FAMILIA, y todo se logra si tienes:

Una llanta de repuesto llamada DECISIÓN, un potente motor llamado AMOR, un buen seguro llamado FE, abundante combustible llamado PACIENCIA, pero sobre todo un experto conductor llamado DIOS.

Segundo aire

Es casi inevitable sentirse rendido,
el paso del tiempo trae sus propios estragos,
el cielo que se pensaba abrigaba
termina abrumado...
¿Sientes como pierdes fuerza?;
¿cómo ya la razón no tiene sentido?;
¿Dónde dejas las personas que te apoyaron?;
esos que dieron su alma por la causa,
los que ante la duda
decidieron apostar por tu bandera,
es a ellos a los que te debes,
los que firman con disciplina, pasión y coraje
está historia llamada vida.

Pensamientos de noche buena

Esta noche el tiempo nos concederá
el regalo perfecto,
detendrá el correr de las manecillas del reloj
y así nos permite sentir
la bendición de estar con los que amamos,
recordar a los que ya no están,
valorar a los que han llegado,
contactarnos con quienes
esta noche no alcanzaron a llegar;
todo para que al final de la noche
como estrellas fugaces nuestras
oraciones iluminen el cielo
y enciendan el fulgor de nuestros corazones al decir...

Gracias.

Lo efímero de lo exquisito

Nunca había sentido la crueldad del tiempo,
el cruzarme en tu camino esta noche fue extasiaste,
el delirio que causo las miradas
reclamando con egoísmo gobernar
la voluntad del otro era inconfundible,
inquietable, hiriente y exquisito.
Todo esto sucede al estrechar nuestras manos,
si es así, quiero retar al tiempo
para quemarnos eternamente en el deseo.

Caos organizado

Esta vez voy despacio,
ya aprendí que el caos
que me ofreces se disfruta lentamente,
las lágrimas terminaran
iluminado mi mirada
y el sentimiento de confusión
lo puedo transformar en coraje
para seguir por mi senda.

Feliz año nuevo

Aprovechemos los últimos minutos silenciosos de este ciclo para susurrarle a las estrellas el anhelo de un corazón ansioso por más... ¿Qué podría decir las almas cargadas de deseos?, algo difícil de descifrar, pero se puede empezar por besos más fuertes; abrazos reconfortantes; errores edificantes, enseñanzas humildes, lágrimas alegres; risas con sabor a amistad y sobre todo fuerza y pasión para siempre volver a empezar.

Feliz año nuevo

Sopla la última vela

Para muchos
hoy avanza el calendario
con normalidad, con afanes,
momentos de calma y monotonía;
pero para nosotros no es así,
este es un momento de gratitud a la vida,
a la enseñanza, a la tristeza, a la alegría
y en sí a cada instante que se te ha concedido
el milagro de vivir.

Solemos encontrar nuestro destino en el sendero que tomamos para evitarlo.

Promesa de letras

El tiempo me ha mostrado el poder de las letras, sin embargo, la arrogancia de mi juventud nublaba el valor de ellas.

Ahora este año me ha concedido darle valor a cada letra y entender de manera más profunda que mi historia está compuesta por cada persona que ha estado en mi historia

A quienes me debo y por quienes diré:

"Disciplina, pasión y coraje"

Reflexiones de fin de año

Curioso año que ha pasado,
una muestra que el tiempo es relativo,
algunos le han pasado toda una vida en 12 meses,
otros han vivido sólo algunos meses
y otros han empezado a vivir en estos meses.
Cualquiera que sea el caso
es tiempo de valorar los abrazos
que están esperando a ser usados,
los besos que virtualmente se han enviado
y las miradas al cielo que elevamos rogando
que todos estén a salvo.

Tierra de conflicto

Las calles no huelen a caña, tabaco y brea, en lugar de eso se percibe gases de represión.

La belleza de las madres se ve ultrajada por la tristeza de la perdida de sus hijos

Mi Cali, nuestra Cali ya no se adorna para recibirnos a su fiesta popular, se alista para reclamar por los derechos que clama el pueblo.

La música de la rumba que iniciaba en la sexta y terminaba en juanchito se ve apagada por explosiones y helicópteros sobrevolar

Oiga, mire, vea a Cali la están matando y no hay gobierno quien vea.

Armar enemigos

El terror nos paraliza, tanto que ha detenido el tiempo, las calles se han convertido en campos de batallas donde perdiendo toda esencia de humanidad se lucha a muerte. Nos han robado sueños, ilusiones y esperanzas, ¿tanto molesta la necesidad de justicia? ¿Qué tan vacío debe estar el corazón para mofarse de la muerte o sufriendo de un ser humano? Son preguntas que atormentan la poca cordura de quienes deambulan por la ciudad, buscando respuestas, buscando paz, la cual algunos necios han decido que sólo se puede lograr si te acomodas en los cadáveres de a quien dejaron de valorar y solo los ven como un enemigo más.

A mis abuelos

Las fotografías que compartiremos no evocaran las mismas alegrías; el sentimiento que una vez nos unió como familia alimentará los recuerdos de las risas que vivimos.

Desde ahora exaltaremos tu memoria, le mencionaremos al viento las historias que escribimos junto a un compañero que entregó la enseñanza de persistir y nunca desistir.

Incluso si no puedo escribir sobre lo que sucedió hasta ayer, mi voluntad seguirá creando tinta para imaginar el mañana.

Para ti mujer

La incomprensión que le tenemos al género femenino
radica en que tratamos de entender sus misterios
sin usar el corazón, piedra angular de su energía y
pasión.
No en vano ellas son las únicas capaces de dar vida;
pintar de sensaciones un mundo sin sentido
y dar razón a un triste corazón.

Para mi Cali

Mi corazón se arruga al recordar todo lo vivido en una tierra adornada del mejor dulce de caña; los sonidos más vibrantes y emocionantes; las noches más alegres y las personas más valiosas que han estado en los capítulos de mi vida.

Alejarse de la tierra que me brindo sabiduría, errores, éxitos, amistades y amor no es para nada sencillo; sin embargo, la dulzura que dejo en mi ser dará el toque perfecto al café que me ofrecerá la mágica y agradable tierra cafetera que me espera.

Querían que te escribiera, Cali te escribo y te escribiré

El secreto del tiempo en tu cuerpo

Hallaste el secreto de detener el tiempo,
conjurando con perfectas notas que tarareas
guardaste en tu sonrisa la inocencia de la niñez;
en tu mirada la determinación del caminar al futuro
y en tus manos la sabiduría del presente agridulce.

Hoy una vez más
le demuestras al mundo
que sin importar que ha pasado
un año físico en tu cuerpo,
tu alma sigue eterna,
intacta y perfecta.

Máxima

Abrumado por la oscuridad de la noche,
me sentí caer, las fuerzas se me escaparon
y en el momento que pensé que la esperanza estaría
ausente
llegó ese pequeño infante como una luciérnaga a
mostrarme su luz;
a recordarme porqué

"hasta la noche más oscura está acompañada de
estrellas"

Ver mi reflejo en sus ojos me recordó las promesas del
inicio
y en ese momento sentí alzarme una vez más
para ver la mañana llegar

Solo ella sabe amar

Me he pasado la vida malgastando tiempo
buscando el amor en letras,
interpretándolo en cifras
y despejándolo en fórmulas;
pero debo aceptar que sigo sin entender
el amor que siempre me ha dado ella.
En ella ser incondicional es diferente...
es resguardar y dejar volar;
es cariño y firmeza;
es no te entiendo y te acompaño;
es la ironía del sacrificio de tus noches
por el bienestar de mis mañanas
y la promesa que te cuidare hasta mi último suspirar…
por esto que logre escribir y por todo lo que no podré
explicar,
te amo mamá.

Ecos de amistad

Por esas cervezas
con sabor a alegría;
las fotografías
con sonido de sonrisas;
el amanecer
lleno de ilusiones
y las lluvias inclementes
que se hacían pasajeras a tu lado...
por eso y por todo lo que me has enseñado
trae una verdadera amistad...

¿Cuál es la angustia de sentir que tu vida está igual a una hoja en blanco?, es cuestión de aprender a escribir con tinta de emociones, signos de puntuación cargado de decisiones y matices de mayúsculas y tildes.

Ahora dime tú, ¿escribimos juntos un nuevo capítulo de la historia?

Las *estrellas* en el cristalino de miel esmeralda

Piedad de una pantalla helada

Me acelera el corazón
ver el tiempo consumirse,
acercando ese momento
donde aquel muro de cristal
será nuestro acostumbrado confidente
para susurrarnos nuestros sentimientos,
escribir nuestras caricias
y destruir la distancia.
Será solo a ese momento
al que le permitiré robarme el sueño
con tal de escuchar de ti.

"buenas noches, mi vida"

Promesas a distancia

La próxima vez que te vea
te voy a recorrer todo con mis manos
y aprender cada rincón de tu cuerpo,
escucharé más atento tus palabras
para reproducirlas en mis sueños,
miraré fijamente tu sonrisa
para enmarcarla en mi memoria
y oleré tu ser para respirarte
suave pero profundamente.

Te soñé

Te soñé miles de noches y en cada ocasión nunca mencionabas tu nombre, mi mente no podía captarte con claridad, solo lograba percibir la sensación de esa persona especial que en mis sueños llegaba a darme esperanzas.

Cuando te conocí mi cuerpo advirtió a todo el cuartel sobre la sensación que solo había vivido en sueños y mi corazón le grito a todos que no estaba loco y que tu si existías, pero lógica y cerebro querían estar seguros de las palabras descabelladas de aquel iluso y esperaron hasta esa noche en donde las estrellas se organizaron para brindarnos un momento especial para los dos, donde yo me burlaba de tu pésimo sentido de orientación sin saber que el que se estaba perdiendo en tus palabras era yo.

¿Sabes por qué eres tan peligroso?, eres quien en mis sueños me visitaba me pedía que lo buscará y cuando físicamente te encontré mi cuerpo, mente y corazón no sabían cómo responder, pues si bien sabían que Dios algún momento nos cruzaría los caminos jamás advirtió encontrar un ser tan maravilloso, con virtudes y defectos que lo hacen ser único y especial.

Hoy no estamos presentes uno al lado del otro, pero todo mi ser dormirá buscando estar al lado tuyo y decirte que está listo para luchar junto a tu lado pues desde que te conoció tiene una gran ambición ser quien logre en ti felicidad y una gran sonrisa.

¿Aún te lo sigues preguntando?

Las razones del porqué te amo
es simple y complicada a la vez
y la explicación es
que eres tú!!!

Eres tú quien despertó
en mi el deseo de verte cada madrugada,
de reír contigo durante el día
y de confesarte con besos
mi amor al anochecer.

Lograr que mi ser
quiera evolucionar
para construir nuestra felicidad,
la misma que hace tiempo atrás
pensé no encontrar
y que a tu lado sé que está.

Frases cortas de un gran te amo

I
19 de septiembre
Y en la noche en la cual nos guiamos
con las estrellas en
aquella extraña ciudad,
empezó la historia
que al morir quiero contar.

II
Si te vieras con mis ojos,
entenderás porque siempre
lucho por ti.

III
Hey!!! Me regresas mis letras,
ellas ahora solo quieren estar junto a ti,
las necesito para escribir lo que me enamoro de ti.

IV
La madrugada intrigada
por la gran sonrisa que mostraba al dormir,
trajo el resumen de la alegría que me invadía;
no fue un sueño difícil de interpretar,
pues era tu nombre
lo único que se podía apreciar.

V
Me divierte ver como el inocente
ingenio activa su creatividad para
crear palabras que buscan tu sonrisa.

Himno tarareado

Contradiciendo tu mirada,
tu voz se encargó de revelar
como las letras de mi nombre
se convertían en la canción
que más tarareabas.
Ahora no tengo otra melodía
en mi cabeza
diferente a
te quiero amar.

Las manecillas

Parece extraño que nunca use reloj
y puede parecer algo normal
pues algunas personas no
nos gusta sentir la presión que ejerce en las muñecas,
sin embargo, mi razón de no usarlo
tiene un significado diferente.
El tiempo no acostumbra a ser mi aliado,
me ha robado momentos especiales,
en mi trabajo siempre ejerce fuerza para que fracase
y poco a poco se extingue,
lento pero seguro,
tratando de que yo pierda el control.

Resulta curioso que ese mal amigo
sea uno de tus más queridos seguidores
y con tus curiosos conjuros logres evitar su paso,
pues cuando estamos juntos sus pasos
no se sienten y logró grabar cada sonrisa,
caricia, gesto, beso y detalle que me regalas.
Cuando regresó a mis cabales
noto que el tiempo ha pasado,
a gran velocidad,
pero mi fallida memoria me recuerda
la eternidad que he vivido a tu lado.

Jardines inciertos

El destino crea caminos inciertos,
con sus matices logran atrapar
la frágil mente humana
y guiarle a sus metas o fracasos.

Con paso firme encontramos
jardines llenos de misterios,
el tuyo era particular,
sus rosas efervescentes de belleza
reflejaban los más espectaculares colores
pero su savia cargaba un veneno
que causaba pánico entre los mortales;
te acostumbraste a vivir en ese ambiente hostil,
creaste el escenario perfecto
para que la soledad y tristeza reinarán,
el toparte con este viajero errante
fue un choque cómico y cruel
pues sin darnos cuenta nos desarmaríamos con solo
palabras,
sin embargo, nunca sabremos si somos la salvación del
otro,
solo tenemos claro que me enseñaste
a apreciar el misterio de las espinas en las rosas
... y yo iluminar el cielo con una esperanzadora mirada.

Memorias de un errante

Juraste que baje de los cielos
para refrescar tus heridas,
tal y como lo hace la lluvia
en los campos testigos de tus mañanas,
sin embargo, soy un errante
originario del infierno
en búsqueda de paz para sus demonios.

Pese a mi historia
tu voz se dedicó a curarme el alma,
a unificar mi mente dividida en tres
y restaurar los sentimientos olvidados.

Ahora sé que algunas personas
cuenta con aroma a rosas,
otras a almendras y madrugadas,
pero tú humanidad lo tiene todo.

Cántame en las noches
y escribiré tus mañanas

Mensajes en servilletas

Quiero que nos enredemos de una manera particular.

Regresemos a ser niños y olvidamos la timidez que nos entregó el crecer. Culpemos al piedra, papel o tijera de los besos que nos robamos; usemos las escondidas para extrañarnos y alegrarnos al encontrarnos; Stop para resolver las discusiones y contar cada paso al contentarnos; ponchado para atacarnos con apasionantes deseos y finalicemos cada día desnudando nuestras almas en una guerra de pulgares.

Las dudas del silencio

Sus silencios inquietan mi ser,
pues no me permite leerle
y ya sabe usted que siempre quiero
tener el control de la situación,
pero esto no se queda ahí,
mi deseo de entenderle ha logrado
que esté atento a cada uno de sus gestos,
con los cuales roba mi atención
y me hace perder la noción de la realidad.

No niego que me encuentro cansado de este largo camino, corrí millas ignorando el dolor de mis piernas, atravesé sendas peligrosas probando mi coraje... pero ¿de qué sirvió? cuando creí haber terminado mi viaje te encuentro sonriente, de pie y con tu mano extendida me invitas a continuar esta aventura a tu lado.

Juramento jovial

Mi errada brújula
no me lleva a ningún lado;
sin embargo, el camino me llevo a ti sin buscarte,
a tu brisa dorada
que calma el viento helado
que desprenden mis brazos;
a tus besos vigorizantes
que le regresan latidos
a un corazón errante;
a tu sueño inocente
que captura mi atención
y quiere resguardarlo
para que no pueda ser lastimado
y a tu cuerpo narcótico
que calma la lujuria de mis pecados.

Mercenario enamorado

Las calles tóxicas
representaban un reto
para mi terca voluntad,
¿cómo le haré sentir que está
ganando terreno en mis pensamientos?,
mientras mi mirada
se perdía en el paisaje
que ofrecía la ventana
recordé los valientes mercenarios
que me acompañaban,
desde ese momento su única misión
es cruzar la desolada ciudad
y susúrrale al odio justo antes de dormir...
Lo mucho que le deseo.

En sueños nos conocimos
En esta vida nos besamos
En la eternidad nos amamos.

Jurado, Anotado, Vivido y nunca Olvidado

Hoy se escribe un nuevo triunfo en tu historia. A pesar de que no he estado desde antes en tus páginas, al escuchar tus relatos percibo el esfuerzo de las letras que forman tus capítulos pasados. Se que llegue tarde, pero mi tinta siempre ha esperado por ti y ahora que puedo ayudarte a redactar estas líneas futuras, prometo que usare mis tildes para acentuar nuestra felicidad; mis comas para contar nuestras aventuras; mis puntos suspensivos para nuevos planes y el punto final para cerrar cualquier tristeza.

Sé que no tengo mariposas amarillas para adornar tus tardes, sin embargo, tengo mis luciérnagas que se esforzaran por ser las estrellas que iluminen tus noches más oscuras.

Madre miel esmeralda

Solo tu amor puede durar toda la vida
con el transformas el sol sofocante
en luz que guía mi camino;
la lluvia inclemente en rocío que lava mis penas;
el viento violento en energía renovadora.
Eres tu mamá ese ser que me envuelve y me da paz.

Correo al cielo

Pensé que nunca leerías mis poemas
y de vez en vez te sorprendo ojeando mis letras.
Es que a pesar de que el niño de 10 años
se quedó llorando por no decirte adiós;
el hombre de 30 años aprendió a sentir tu compañía;
hablar contigo en las noches largas
y entender que tus frases son esa reflexión
que me invita a tomar una pausa.

Notas apasionadas

Hoy mis demonios
organizarán una orgía
con tus deseos,
mis cadenas,
tu lujuria
y mi locura;
nos cortaremos el aire
con sofocantes besos,
rasgaremos nuestra piel
con caricias gobernantes
y nos bañaremos en el sudor delirante
de la pasión esclavizante.

Amor silencioso

Tomarse de la mano
es el acto más genuino
y valeroso de cariño,
es un me tomas, te tomo;
un estoy, un estás... Vamos juntos.

Un te quiero silencioso
que recubre la palma,
pero recorre el alma.

La mirada fija de la estrella más brillante del sol de medio día presenció cómo dos amantes encontraron en ellos el escape perfecto a esa ciudad caóticamente fría.

Canalla

Mi plan siempre fue ser un canalla contigo,
siendo egoísta al no compartir mis miedos;
indiferente con las barreras que nos separan;
Irresponsable con la cantidad de besos y caricias que tengo;
Irrespetuoso ante el deseo que tu piel me despierta;
mal tratarte con una caricia de buenos días y un beso sentido
siempre en nuestras despedidas.

Septiembre 2020

Le vio
y sintió ese escalofrío
que de niño le indicaba
que las energías del mal jugador
llamado destino se empezaba a tensar.
De manera indiferente le trato de evitar,
pero para su fortuna o desdicha
era el inicio de un sin fin de saludos,
buenas noches, ten un lindo día,
versos, besos, canciones y momentos
que nacieron a partir de un tímido vistazo.

Juegos de Antaño Viendo el Otoño

Me propuse descifrar el mundo
y lograr detener el tiempo,
muy arriesgado para un simple humano,
pero Dios no se ofendió y me dio un regalo,
en una noche tímida de otoño
me encontré con tu mirada...
sentí vértigo,
veía como todo a mí alrededor
se desdibuja
y la luz del sol se atrincheró en ti.
Así lo entendí,
el secreto que me prometí descubrir
está guardado en tus ojos,
esos mismos que lucen hermosos con tus anteojos
y que me brindan un juego tierno
entre lo efímero y eterno.

Narrando amor

Te cuento una historia...
ellos dos se conocieron
y a la vez desconocieron
sus sentimientos; pasaron los días
y no se podían negar que algo estaba surgiendo...
las palabras hirientes y cortantes
eran espías que buscaban traspasar
las murallas de indiferencia que habían creado.
No se dieron cuenta, pero al querer poner
pausa a lo que sentían
poco a poco recordaban
sus sonrisas.

En ocasiones, la pasión del momento es inversamente proporcional a la perfección proyectada que se había planeado.

Hermano

Aquel sueño en donde te vi por primera vez y mi corazón se emocionaba no era un sueño, era un fragmento de mis recuerdos, algo tan especial que se alojó en mi ser y busco sellar en tu nombre el amor que siempre te voy a profesar. Desde tus primeros pasos y aunque torpemente solo quería protegerte, pero a la larga entendí que quien salva a quién eres tú a mí, pues a pesar de la distancia no recuerdo la vida sin ti y no quisiera conocerla. Quien a pesar de que escribe su propia historia siempre estará en la mía y le llamaré por siempre mi querido hermano.

El
cielo
nublado de
miel esmeralda

Monólogo del recuerdo de una sonrisa

Los rayos del sol calientan mi habitación
sé que ya es hora de iniciar el día,
me levanto con afanes de llegar a mis reuniones,
me quejo del tráfico de la ciudad,
a pesar de los problemas siempre encontramos la solución
sin importan que tan grande era el dilema.

Por la tarde el camino se hacía más ameno
cantando desafinados lo que ponen en la radio
y después de contar las tonterías del día,
quedar fascinados contando estrellas
era el mejor somnífero que encontramos.

Nunca nos faltó un motivo para sonreír,
me encantaría volver a sonreír,
me encantaría volver a vernos sonreír.

Pasos de una despedida

Mi atención está puesta en el camino,
quiero tener mi mente ocupada en el volante
para evitar ver tu expresión triste
mientras nos acercamos a nuestro destino,
creo que más al tuyo que al mío.

Al bajar tus maletas me pregunto,
guardaría mis besos;
llevará mis abrazos;
en que bolsillo estarán nuestros recuerdos,
pero caigo en cuenta la decisión que se tomó.

Evite hablarte de frente
para que no entendieras
lo que gritaban mis ojos,
cada segundo que pasaba
era un peso más a mi pecado.

Al despedirte no quería que te fueras de mis brazos,
pero impotentemente sentía como te alejabas
y reclamabas que dijera
lo que hasta el momento me asfixiaba.

Solo hasta el instante en que vi como partía el avión
donde iba la primera persona que había amado, una
lagrima me recordó el milagro de decir...

te amo.

Una mente, siete gritos

Está paz enfermiza me está acabando,
mi retorcida humanidad quiere regresar a la confusión,
no soporto el veneno al que llaman equilibrio.
Quiero regresar a mi caos original,
liberar los sellos que guardan a mis demonios...
sentir de nuevo la ira en mis palabras;
la lujuria en mis manos
al tocar la piel de otro ser;
la gula en mis emociones;
la envidia de no ser quien reine en tus pensamientos;
la pereza de ser socialmente aceptable;
la avaricia de conocimiento y
la soberbia al alzarme en colinas que el sol ha olvidado.
Tendré que conformarme
en arrancarme la máscara de buen samaritano
cada vez que se muestre el lado oscuro de la luna.

Pasión delirante

Tu cuerpo era la droga que esclavizaba mi ser,
era estimulante sentir tu ferocidad,
tus llamas que en lugar de buscar abrigarme
querían reducir hasta el más mínimo juicio a cenizas.
La razón encadenó mi cuerpo
para detener la absurda carrera
de autodestrucción en la que me encaminaba
y como veredicto me obligó a sellar
con tinta tu recuerdo.
Cuando mi corazón masoquista
quiera evocarte,
bastará acariciar tu runa
con una gota de mi sangre.

Cuando recuerdo tu aroma
conjugo mal los verbos.

Secreto a voces

La melancolía te sirvió
como vacuna ante mi alegría
que se esparcía por tu cuerpo,
mis letras se enfurecieron
al ver que no lograron su cometido,
pero las conversaciones tontas
que sosteníamos me convencieron
de que lo mejor era firmar un pacto,
uno de cese de acciones sentimentales.
Silenciosamente se crearon
estrategias de ataque al corazón,
golpes de estado a la razón
y conquista de la pasión,
sin embargo, como todo buen político
argumentamos no conocer
sobre tan maléficos planes,
a pesar de las múltiples y sustentadas denuncias
que difunden el cruce de nuestras miradas.

Vino de cenizas

El calendario no dejaba de avanzar,
su paso me era efímero
tal y como el soplo en un anillo,
pero hoy el tiempo frío y la distancia
me traen los ecos de tu sonrisa.
Los recuerdos de tu alegría
me hacen apreciar la eternidad
del batir de las alas de un colibrí,
tu mirada añorar aquellos amaneceres con sabor a
canciones,
tu pasión, la esperanza de un futuro edificado a pulso
y no puedo evitar que en mi rostro se dibuje una sonrisa,
una sonrisa que desea tu felicidad,
que ruega por tu bien
y que eleva al viento mis energías
para que se sumen al fulgor de tu alma.

Quisiera sentir tus pensamientos para vivir las palabras que le juramos al viento.

Lienzos vacíos

Nuestro lienzo rojo y gris
aún me recuerdan el día
en que iniciamos una historia prometedora,
pensaba que mi ser evitaría
el lastimar nuevamente
a alguien que quería,
sin embargo, es difícil negar la naturaleza
y al ver que despertaba
de un falso sueño mi ser se negó
y conjuro las palabras adecuadas para alejarnos.

Mi inmunología decreto al corazón callar
y a la razón a actuar y como tal vez
el único gesto de amor te libero
del dolor que podía causar mi mente
perturbada por el orden
caótico de la realidad.

Me gustaría poder leer tus ojos cuando me miras y así poder acabar con tanta angustia.

Tercos distraídos

Sin importar como llegamos a ese lugar,
acompañados de personas diferentes,
la vida nos regaló un eterno momento
donde lograron hablar nuestras miradas.
Pude beber del café de tus ojos
y tu descansar en el verde de los míos,
en ese segundo entendí
que a pesar de que nuestras almas seguirán entrelazadas,
jamás leerías mis libros
y yo no te abrazaría en tus miles de grados.

Heridas

Mi capacidad de leer a las personas contigo ya no servía, sin importar que te pedía mostrar todo lo que escondías para curarnos las heridas, para ti solo eran palabras vacías.

El secreto del caballero del caos

De la mano de quien no se puede nombrar, nuestros lazos se empezaron a enredar. Una noche tímida y mensajes espías buscaban en tierras ajenas sus sentimientos sembrar. Como tercos aventureros, desafiamos a la distancia que en esos tiempos era la idea que gobernaba. Creímos salir triunfantes y empezamos a construir los sueños que deseábamos vivir.

Mi agudo sentido de orientación buscaba ayudarte a dar correctos pasos, mientras tu curiosa imaginación me cubría con su encanto. Aquel niño de ojos color miel esmeralda pasaba las noches hablándome de la persona con quien ahora jugaba, mientras yo canjeaba los besos nocturnos que me dabas por caricias que dejaba caer en tu espalda en la madrugada.

Sentí que podía ser el caballero del cual escribía en mi infancia, pues tus abrazos me impulsaban a elevar las estrellas que en mis manos estrechaba. Con mi nueva armadura me dediqué a defenderte de tus demonios, apoyar tus locuras y a ser en quien encontrabas cura. Mi pluma nunca paraba de contar como en tiempos pasados el destino nos acercaba, pero nunca nos encontraba. Te parecía cautivador, como no serlo si día a día solo podíamos hablar del valor que nos daba nuestro amor.

¡Qué ingenuos fuimos en pensar que la distancia se quedaría derrotada! Pues como buena hija de Hera buscaría su venganza. Se camufló de objetivos y sueños por realizar, logrando hacer lo que no pensamos que podría pasar. Las noches ya no tenían tu aroma y la amargura de mi cuarto me consumía a cada hora. El tiempo empezó a oxidar mi armadura y cuando la desesperanza me gobernaba, tu sonrisa ahogada me rescataba.

Una vez más queríamos desafiar a nuestra antigua enemiga. En mensajes repetitivos nos decíamos que éramos el amor de nuestras vidas, pero la semilla ya estaba sembrada y la duda era la última jugada que nos lanzaba nuestra cruel adversaria.

De tu boca mi armadura cambiaba. Ahora era el caballero del caos, como me llamabas. Mi tierno infante me miraba reclamándome por el desastre que azotaba nuestros valles. Tu indiferencia helaba mis huesos; mi alma y mi cuerpo ya no querían seguir viviendo. En aquel profundo pantano donde me vi encerrado, mi razón me recordó el don que se me había dado. Corrí a abrazar aquel niño desesperado para mostrarle como luciérnagas nacían de cada paso que habíamos dado.

Tomé la tinta que quedaba en mi interior, doblé mi alma como papel y con mis letras conjuré las palabras precisas para renacer. Sin embargo, al ver la mirada del niño de ojos miel esmeralda, entendí que te tendría que darte gracias, pues mi nueva vestidura tenía impregnada también tu magia.

Como última ofensa a la distancia, tomé mis luciérnagas y las transmuté en oraciones que adornarían el cielo nocturno como estrellas, despejando tus temidas tinieblas. Recordándote que lo mejor de esta historia es entender que nuestro amor nos ofreció ser quienes siempre quisimos ser.

Triste ver separados a los seres que aún mantienen el fulgor de sus almas al sentir que aún existe esperanza de recuperar lo perdido.

Conjuro para una despedida

El dolor y la rabia que invaden tus ojos me hacen más daño que las múltiples heridas que me has dejado. Hoy no quiero intentar juzgar, no puedo ser verdugo de quien he amado. Quisiera salvarte del veneno que bebiste, ese que llevó a empujarme al "no quiero estar contigo, pero tampoco sin ti". ¿Algo infantil? No... No lo pensaré así, pues a través de tu cuerpo adulto del cual tanto disfruté, veo a tu infante llorando entre todos los libros adornados de soledad, acomodándose las gafas para pedir al cielo ayuda, y me quiebro, pues tu sufrimiento supera la fuerza de la cual alardeo.

Juré ser el compañero de vida de aquel infante, para brindarnos sonrisas, aventuras y miles de alegrías, pero tu furia hoy nos separa y te repito, me quiebro. Este amor no se puede eliminar con las fórmulas químicas de las que tanto presumías, este amor se libera con poesía. Así, conjuraré en mis letras las primeras miradas que abrieron paso a nuestra historia, las fotografías que aún cuentan nuestras alegrías y aquella biblioteca que juré te construiría.

Estas letras te acompañarán noche y día, serán tu guía, tu refugio y energía. Vigilarán tu sueño cuando enfermes y te aplaudirán en tus alegrías. Este conjuro tiene cenizas del corazón del hombre que te ama, aquel que en acto de amor y egoísmo deja en estas letras su memoria y la llave para que regreses a mi vida... No sabré cómo activar nuevamente tus recuerdos en mi memoria, pues al momento en que busques tu silueta en mi mirada entenderás que fue la amnesia la que paró mi hemorragia. Los corazones solitarios... ¿también corren cuando empieza a caer la lluvia?

A media luz debemos reconocer que ya no
sentimos nada el uno por el otro, nos ganó
el orgullo de nuestro mundo y la pereza de
buscar un nosotros en la historia.

Historias efímeras

Te cruzaste en mis sueños mostrándome historias que en mis tiempos despierto busque evitar y al haber ofendido al destino, esté en un acto de berrinche, mando al infinito a tomar turno para entregarme nuevamente la posibilidad de cruzarme en tu camino.

Pensé que había logrado ser experto en disimular lo que sentía, compartiendo buenos deseos al despertar; palabras espiratorias para saber si habías almorzado y frases sueltas para desear que hubieses llegado a salvo. Creo que sabíamos que todo ese mundo de mensajes eran la antesala a una conversación que teníamos pendiente, pero nos hacíamos los bobos cada vez que el tema salía al frente.

Por más que trate de guardar mis sentimientos dentro de mi corazón, estos crearon una avanzada perfecta conjugada con mis letras y el alcohol, lo suficiente mente poderosa para darme el valor de ser sincero contigo y lo perfectamente sutil para mantenerme de pie en el momento que tus labios se encontraron con los míos.

Te parecía un poco arriesgado el juego que estábamos empezando, pero mis sueños se hicieron realidad, y no... esto no es un preludio a un juntos por siempre, en lugar de eso es el conjuro de un adiós que siempre rondo mi mente. La vida me había indicado que eras la forma más hermosa, mágica, oscura y fría de enseñarme que no todo se puede tener, solo que no contaba con el regalo maravilloso de mi mente, que capturo los cuadros por minutos cuando sonrías y hacías tus ojos chiquitos; cantando bajito mientras dirigías el viento con tus manos en una perfecta sinfonía y tu mirada coqueta que me devolvía la vida.

Tal vez hoy te recuerde con lágrimas, tal vez mañana con risas, pero entre tanta incertidumbre solo me queda la certeza de mi promesa, la misma que te hice cuando te conocí, la misma que te repito al despedir.

Soledad

Soledad,
es aquella palabra
abusada en su uso
y desconocida en su significado,
¿cuántos corazones solitarios caminan bajo la lluvia?;
¿Sentirá soledad quién lleva toda la carga de quienes lo
acompañan? ¿Aquel que ríe en silencio?;
¿O quién susurra sus palabras al no encontrar oídos
donde anidar?

Las almas vagabundas
que deambulan en la vida
traen consigo
un millar de estrellas
para contemplar.
Si en lugar de dejarlos pasar
apreciamos sus misterios
siempre tendremos con quién
contemplar los cielos.

Me senté a ver los retratos qué dibujaste
de mi para recordar cómo me veo
Sonriendo.

Letras de Lujuria

Al caer la tarde
tu mirada hambrienta de lujuria
desata todos sus deseos,
no busques refugio en sus brazos
pues estando en ellos
te sentirás en tierras extranjeras,
sólo en los míos encontramos
el infierno que quema nuestro placer,
solo conmigo esa demencia
se convierte en cordura,
esa cordura que encuentra
el equilibrio entre el
pecado y lo divino.

Toda historia tiene un inicio, un nudo y un desenlace... y sobre todo una persona que pone el punto final.

Atardecer

No es necesario
que sigas apretando tus piernas,
libérate de tu nerviosismo,
seré yo quien cargue con el peso
de dejar nuestro lienzo en el ático;
desmarcar las estrellas
que guiaron las letras futuras
que nos dedicamos
y las promesas enmarcadas en sonrisas.
Saber que ya no vamos a estar juntos
será la mejor excusa para admirar
en una orilla el ocaso que nos regala
el susurro de nuestros nombres.

¿Te quiero?

Es preciso dejar de rebuscar
las máscaras que nos cubren
del frío que dejan las lágrimas
de miedo al futuro.
¿Es necesario buscar una luz
en medio de la noche
que hemos decidido traer?
Necesito la voluntad
para arrancarme la máscara
y temblando en el silencio
anunciar nuestro sufrimiento
liberador tras decir
"no te quiero".

No duermo en las noches jurando que al contemplar al reloj no le pasara las horas, seguirán las sonrisas que en la mañana lloras y no llegara un futuro el cual no podemos construir.

Notas de lujuria

El pudor de ver
como otros manifiestan su cariño
es ausencia de él,
negar la necesidad de la calidez
que brinda otra piel
solo te acerca a mí,
la crítica te lleva al pecado,
a la desesperación de encontrar
un beso que electrifique tus neuronas,
una caricia que te toque el alma
y un amanecer que encienda tu cuerpo,
en ese justo momento sentirás mi pasión...
la pasión de lujuria.

Voluntad de Ira

Susúrrame la sensación
de ser preso de tus inseguridades,
sentir como tú impotencia
destruye valles,
ver la distancia que creas
con los que sentías amar.
Ya es hora de que tus miedos
rindan tributo a mi bandera
y tu voz se desgaste
cantando el himno de la soledad,
eres esclavo en mi dictadura;
inclínate ante el gobierno devastador
de Ira.

¿Aún pretendemos que nuestros «hola» ocasionales no son espías que buscan si aún queda un suspiro con deseos de recuerdos?

Aun en mis sueños

En el tiempo de pesadillas
las estrellas me enseñaron
a donar fuerza con sonrisas;
valentía con palabras de ánimo
y esperanza con miradas firmes;
sin embargo, me quiebra la voz
cuando me preguntan por ti
y les confieso mi temor de
solo poder besarte en mis sueños.

Imágenes repetidas

Recurrí a mi imaginación
para hacer relativo el tiempo,
reproduciendo una y otra vez
los pocos besos que dejaste en mi boca.
Desde la distancia,
mi mente insiste en aprenderte
para entender cómo logran
tus ojos rompen mi armadura.

A falta de tiempo

El tiempo decidió descansar
y dejar a mi mente encargada
de impulsar las manecillas del reloj;
la voluntad no era suficiente
para que esas tercas ayudantes
realizarán su habitual recorrido,
faltó paciencia y técnica
para moverlas un segundo,
quizás el más eterno que he percibido.
Puede que aún no aprenda mi lección,
pero ese cruel viejo me ha regalado
la condena de su sabiduría.

Me adelanto al despertar de la anestesia que me causan tus besos y solo por un segundo pienso en que se sentirá tener tus abrazos por tiempo completo.

Para mi pasado

Tú, necio pasado

¿Es necesario seguir caminando?

Claro, vivirte fue una mezcla agridulce, un carrusel de emociones y miles de lecciones que me dieron fuerza para seguir avanzando.

No creas que te guardo rencor, para nada... eso ni pensarlo, planeo contemplarte de vez en cuando, para consentir a la melancolía que me visita cada tanto.

Hoy entendí que dejarte ir será un gran regalo, uno que vale la pena conservar solo un rato, pues mi mirada debe estar al frente, mis pies en la tierra, mi cabeza razonando y mi corazón siempre emocionado.

No te olvidaré, tu mi querido pasado.

¿Frases en medio de la lluvia?

I

Brindarme tu verdad, esa que me hace perder el sueño, pero le da fuerza a mi terca razón.

II

Perdí mi ser en búsqueda del corazón del que tanto me hablaste.

III

Tus canciones de amor me dejaron tarareando notas de egoísmo y soledad.

IV

...Sin importar que estaba en mis guerras, fui comandante de sus batallas...

V

Desde que entendí que la lluvia resalta mis colores ya no huyo de ella.

VI

Cualquier noche es excusa para apagar el Inferno de mis labios en tu refrescante piel.

VII

El secreto de una mirada fría es un alma enternecida con el viento.

Lágrimas de ángeles

El ver caer una estrella fugaz me hace orar por aquel ángel sollozante que nos suele deslumbrar, ese mismo que con su mirada despertaba al sol y lo acompañaba a saludar la humanidad. Pobre de él que fascinado con las tonadas de otro ser soñó con tener un acompañante en su caminar. Las alas de los ángeles no los deja sentir la compañía de quien lleguen amar, pero su terca inocencia hizo entregarle un ala a ese ser especial, el mismo que no quería inspirarse a volar.

Su corazón equivocado, inspirado por la pasión de su voluntad, surca los cielos nocturnos llevando ilusiones a quien buscan respuestas en sus lágrimas, tan puras y desinteresadas que brillan en los ojos de quien las saben apreciar.

Amor en otro uso horario

Estamos en el mismo tiempo,
pero en diferentes horas;
miramos el mismo cielo,
pero nos acompañan diferentes estrellas
y ante tanta similitud y diferencia
solo me resta cuestionarme
¿Estaremos en el mismo sentimiento,
pero a diferentes corazones?

Descripción de una lagrima

Solo me queda cerrar la puerta,
girar media vuelta
y fijar la mirada en un punto
que me dé fuerzas para contener el llanto,
ese mismo que estalla la garganta,
quema la nariz y nubla los ojos,
desfigurado mi mirada
dando paso a las lágrimas que gota a gota
callaban mi boca al decir
adiós.

Ausencia helada

Ignórame hasta tal punto
que mi nombre sea solo
un susurro del pasado
que intento construir tu sonrisa
en los días lluviosos de aquella ciudad
que se hizo menos gris al conocerte.

Adiós en sueños

Te cuestionas del cómo mis ojos
logran ver lo que vendrán en días futuros,
solo sé que al cerrarlos llegan imágenes
indicándome lo que el destino se trama.
En una de esas escenas me encontré
despidiéndote sonriente con un fuerte
abrazo que rogaba por tu protección
y oraciones cargadas mil bendiciones
las cuales tenían como punto final
una lágrima tenue.

Si te cruzas conmigo recuerda que seré
un simple extraño...
de esos que besaste con el alma, cuidaste
con la vida y soltaste con un
"ya no te amo".

Infiernos aceptados

Cumple tu cometido barquero,
llévame a ese infierno que he decidido vivir;
el que destruiré dejando mi vida en ello
y si Dios se apiada de mi después
de la ofensa que cometeré,
regresaré caminando las tristes aguas que conoces
para calentar al sol mi vacío corazón.

Te amo en repeticiones

Nuestras frases se llenaron
de tantos "te extraño"
que ya se me hace raro sentir
el calor de tu piel;
y me parece que el tiempo juntos
es poco cuando el contador
de los besos que deje
en tu pecho llega a cero.

El amor en tiempos modernos obliga a dejar
en palabras, audios y fotos
el resumen de un sentimiento vivo
durmiendo en una pantalla fría y muerta,
con el patético consuelo de acceder a un
repeat.

Vacíos desordenados

Escribir me era imposible,
mis letras ausentes me dejaron
con mis pensamientos desordenados
y en su vacío se acomodaron
sentimientos de melancolía
que asfixiaba mi corazón.
El tiempo me concedió una gota de piedad,
despejando la niebla de tristeza, enojo y confusión,
dejándome ver mis letras que me esperaban
para mostrarme lo que hacen por amor.

Cartas sin remitente

He escrito todos los días que han pasado sin remitente,
no para ocultar mis huellas,
ha sido para facilitarme inventar tu presencia;
para recordarle al muchacho que te amó
que tú recuerdo va en el álbum que está abajo de la
noche estrellada,
justo al lado del amanecer que encendió el hombre
que se dio cuenta que ya nunca estabas.

Lágrimas de cupido

La euforia de cupido
trae consigo historias de amor,
pero sus lágrimas son el intento
de vencer la desdicha del desamor.
Congelando las sombras de los amantes
que vivieron su historia; naufragando entre las aguas
de un amor muerto que arrastra a lo profundo
algo bonito que consiguió su
"para siempre" en el recuerdo.

Espejos de ayer

Fantasmas danzantes en la ciudad
reclaman los recuerdos de un hombre
encerrado en círculos de espejos
de una noche estrellada;
el mismo que en sus silencios
implora que conjure la despedida
que bendecía a quien él amó,
pero este corazón amnésico y torpe
no logra encontrar en su diccionario
ay las palabras del ayer.

De todos los males que tu ausencia me prometió entregar, aún falta la amnesia... Aunque parece que contigo la preferiste dejar.

Lágrimas mensajeras

Tu sonrisa me salvó
del mundo de sombras
al cual me había condenado;
brindándome lo que mi corazón
deseaba proteger y ahora
que su ausencia reina en mis montañas,
mis lágrimas se transforman en
estrellas fugaces que buscan proteger
tu destino.

Mañanas frías

El deseo de tenerte de regreso
cubrió la noche de esperanza
y me embarco a un sueño de ilusión,
en los que pude nuevamente hacerte el amor...
pero olvidé que siempre existe
un amanecer, frío y amargo
que me trae el recuerdo
de un niño solitario preguntándome
sí volveremos ver el sol.

Mirando al recuerdo

Y entre la discordia del parar o seguir,
aún veo mi pasado persiguiendo tu fantasma sonriente,
los cuales se sorprenden al ver
la mirada de un hombre
que hizo las paces con sus demonios
y dejó atrás un tiempo que hoy
solo hace parte de un buen recuerdo.

Anhelos del futuro

Es inevitable sufrir
la ceguera de lo cotidiano,
ir por la vida sin saber
que en lo simple está
el lazarillo que guía
el sentido de la existencia;
una mirada alentadora;
un beso inocente;
una sonrisa consciente
y cada día que pasa se entiende más
que el futuro suspira,
lo que en el presente se respira.

¿Celebro tu cumpleaños?

Sus letras despertaron con ganas de celebrar el recuerdo de quien en su momento invocó la tinta que dio paso a historias que atesoran. En el silencio de la habitación miraban el álbum donde guardaban sus fotografías; evocando su figura apreciaron que su firmeza y carisma era la inspiración adecuada para escribirle todo lo que sentían. Descubrieron que no tenía manera de decírselo, así que escribieron cartas con destinatario al viento enviándolas a cada lugar que lleva su esencia, despertando las luces en el cielo oscuro que en una perfecta armonía ruegan que cada año le cuiden y le guíen al éxito mientras encuentran su destino.

Espía enamorado

Aunque mi cuerpo desaparece
cuando te despiertas,
no cambiara mis deseos de camuflar
besos en el sol de la mañana
que toque tus labios;
en la brisa que te cubra
como lo hacían mis brazos;
en el sudor que recorre tu cuerpo
como lo hacían mis caricias
y cuando mi recuerdo te embriague en silencio,
al final de un suspiro susurres
el nombre del hombre que te amo.

Tú, mi apego ansioso

La incertidumbre de mirar al futuro a los ojos
y no saber si "esa" será la última vez;
brinda una esperanza inocente al corazón
que tortura la mente en pensar regresar
a lo cotidiano que terminará la pausa
y llegará ese tan anhelado
" nos veremos mañana"

Yo, tu apego de evitarme

Al alejarte, antes que la oscuridad nos consuma,
verás un hombre de aspecto recio
y mirada que hace que los valles de sus ojos
se cubran de tormentas.

La luz de la luna dejará ver
que a este lado de la orilla
se queda un niño escribiendo
historias de aquel amor,
transmutando sus letras en luciérnagas que al igual

que las estrellas, guiarán y custodiarán tus sueños.

Llegar tarde

Tu egoísmo reclama lo que un día dañó...
Exiges lo perfecto sin el mínimo esfuerzo
y olvidas preguntas por mis besos
bañados en lágrimas;
mi cuerpo ausente de pasión;
mis noches pasadas a licor
y mis mañanas cuestionándose por lo que paso.

Ahora solo puedo entregarte el recuerdo de quien, en su momento,

te espero.

Recuerdo fugaz

Conjure que mi recuerdo
sea una estrella fugaz,
que en las noches oscura veras.
Un instante será preciso
para que un deseo pidas
y me vuelvas a soltar.
En ese segundo volveré a ver
tu sonrisa brillar,
pero mi camino al infinito
no se detendrá
y aunque puede que ese acto
pase cada noche será solo
un instante en tu mente
que te arrebate el deseo
de escribir mi nombre.

No sé cómo encontrarte, pero temo perderte, saber que la vida me encontrara colgado en tu sonrisa inocente lo sabré sobrellevar escribiendo sobre lo que dejo ir y espero que mis letras me lo regresen.

Relatos sin tiempo

En el silencio de la noche
me encontraba mirando al tiempo
de manera fija y eterna
buscando en él alguna respuesta.
No quería entender que era él
que me contemplaba a mí,
enseñándome a su manera
la importancia de no dejarle todo a su actuar;
pero también de entregarle lo justo a su caminar
y no detener de manera terca a sus ayudantes,
pues siempre es preferible un campanazo final
que una historia que busca desesperadamente un continuar.

Reclamos al mar

El destino celoso del regalo de Cupido te llevo a lo profundo del mar, sin importar que juramos no tener miedo a las profundidades tus brazos no tenían energía para continuar, tal vez por querer, tal vez por circunstancias ... Eso ya no lo sabré.

Pero ahora, ¿Como olvido la parte de mi vida que te llevaste? ¿Como mirar al futuro si tu reflejo se proyecta en mi andar?, si mis besos desconocen otros labios y mi cuerpo siente como lija la piel de quien me quiera tocar.

Olvidaste mencionar

Numero a número enlistabas los motivos que te enrutaban hacia la salida, la misma lista que te repetiste mil veces al espejo; la misma que se escribió mientras despertabas en mi aun un te quiero; misma lista que tus amigos conocieron y que al final como una estocada que se da sin piedad me propinaste sin vacilar.

Se que nunca mientes y tu subconsciente te delata, pues las letras de su nombre iniciaban cada palabra de la lista, esa lista que escribías mientras él te contemplaba en el espejo; la misma que le divertía cuando leía mis te quiero, pero en que paradójicamente lo olvidaste mencionar y que tendrás que vivir con la vergüenza de siempre ocultar.

A ti mi niña blanca

Deseaba entregarme a ti, eran tan fuertes mis deseos que en una noche decidiste visitarme. Tú, tan sensual y única; tan cálida y distante; lujuriosa y tierna jugaste en mis sueños a esconderte en cada rincón de mi mente. Me desesperaba no lograr ver tu figura delgada, tus cabellos negros y tus labios, esos tan rojos como mi sangre que pedía encontrarte; cuando finalmente tu figura se posó frente a mí, susurraste tan bajo y en tono escalofriante que mis labios no lograron besarte y en un piadoso despertar contemplé el nuevo amanecer solo para comprender lo que tu boca declamaba... "Aún no es momento de que la muerte con un beso te robe tu último aliento, así que déjame de buscarme, cuando llegue el momento estaré para acompañarte".

Quiero que llueva

Quiero que se acabe este tiempo, quiero que se acabe este tiempo seco. Quiero que acabe la violencia de los rayos del sol que queman la tinta con la que tatué tu nombre y tus besos sobre mi cuerpo, erosionando mi piel, dejando espacio al vacío del silencio de las promesas que nos hicimos; mostrando los fósiles de sueños que juramos cumplir; sacando las raíces secas de las ilusiones que juntos alimentamos.

Quiero que llueva y el cielo de manera piadosa me regale sus gotas para que junto a mis lágrimas suturen las heridas que pensé que tú sanarías; para que las palabras con las que pensé maldecirte se laven con un sollozo y den paso a un amor que no tema empaparlo todo. Quiero que llueva para formar un lago donde se ahogue todo el dolor que nos causamos y que la luna eclipsada se lleve todo lo malo, para permitirme ver mi reflejo y jurar que renacerán los jardines que sembré en los valles que una vez te brindaron vida y que no sea un recuerdo de un lugar donde una vez hubo algo.

Solo en mi poesía

Mi necesidad de escribir sobre nosotros
radica en querer apartarte del lugar
que tienes en mi corazón
y entregar nuestra historia a las letras.
Solo en el papel aquellos personajes
encontrarán la felicidad juntos;
solo en el papel conjurare las palabras adecuadas
que reparen nuestros corazones rotos.

Solo recuerdos

Niégame con tu voz,
sepárame con tus acciones,
ocúltame con tus raras elecciones,
que aun así te puedo observar
espiando nuestro puente onírico,
con la excusa que se te quedó una estrella.
Una vez más nuestros recuerdos
se posan en nuestras mentes
y esta vez soy yo asegurándome
que esa estrella que buscabas sea fugaz.

Juegos Atónitos de Valores en Otoño

Son infinitas las voces
que le sugieren a mi corazón odiarte,
pero cómo explicar que
en el infinito espacio de soluciones,
tu nombre optimiza mis funciones
en el punto exacto en donde eres
el amor más grande que he sentido
y el dolor más fuerte que me han causado.

Sobre el autor

No sé si decir que me llamo luis sea suficiente, o que soy administrador de profesión pues dicen que es algo aburrido (a mí no me parece), pero sí de profesiones se tratar ser escritor era la que más me atrapaba, que puedo decir el destino muchas veces es incierto y el camino que tomamos para alejarnos de él nos acerca mucho más

Si en personalidad se trata, el tema lo puedo abordar sin ningún drama, la sencillez es algo que me demarca, además de la mala memoria que siempre me acompaña, por eso los planes simples, pero con risas son los que me encantan.

Que espero de la vida, no me preguntes aún estoy organizando los libros en mi librería, pero lo que tengo claro es que prefiero una cálida sonrisa a un mar de plata.

Agradecimientos

Este espacio es muy corto para agradecer a todas las personas que me apoyaron, pero es lo suficientemente grande para intentarlo. La idea de este libro no es nueva, era una deuda que le tenia aquel niño de ojos color miel esmeralda que soñaba con entregar sus historias al mundo; en el camino muchas personas nos entregaron sus emociones y las escribimos en poesía, sin embargo, se necesitaba un detonante, algo que cuando sucedió me revelo los seres maravillosos que me rodean.

Mi familia la cual siempre me acompaño, mi madre que me sostuvo y me animaba a seguir; mis amigos Lorena, Marilyn, Oscar, Darwuing y Camilo, que pasaron horas escuchándome, que vivieron conmigo más de un poema que fueron ese mensaje de buenos días que despejaba las nubes que abrumaban mis días; a Juan José que, aunque llego de ultimo su energía me acompañaba en las ultimas etapas y me decía que "elevara mi cosmos".

Y a ti, -J.A.V.O- por ver en el hombre de ojos miel esmeralda las ilusiones de aquel infante con el que tantos sueños dialogaste, por recordarme la fuerza que guardo en mis letras y por brindarme con tu despedida la posibilidad de renacer... esta vez no romperé mis promesas y en estas páginas seremos eternos, pues tus sentimientos serán tinta; mis acciones serán letras y nuestra historia será poesía.

Miel esmeralda

www.ingramcontent.com/pod-product-compliance
Lightning Source LLC
LaVergne TN
LVHW091052150826
845673LV00002B/550

* 9 7 8 6 2 8 0 1 6 2 0 9 6 *